Personalisierte Kinderbücher & Poster

magily.de

AFFIRMATIONEN FÜR SCHULKINDER

COPYRIGHT © MAGILY UG
(HAFTUNGSBESCHRÄNKT)

IMPRESSUM

MAGILY UG (HAFTUNGSBESCHRÄNKT)
LEOPOLDSTR. 2-8
32051 HERFORD
NRW, DEUTSCHLAND

INFO@MAGILY.DE
MAGILY.DE

DEUTSCHE ERSTAUSGABE MÄRZ 2023

ISBN: 978-3-910691-04-9

AFFIRMATIONEN FÜR SCHULKINDER

AFFIRMATIONEN FÜR SCHULKINDER

Willkommen in unserem Affirmationsbuch für Schulkinder. In diesem Buch bieten wir Dir eine Auswahl an positiven Glaubenssätzen, die Dir zeigen sollen, wie einzigartig und wunderbar Du bist.

Die Schulzeit bringt einige Herausforderungen mit sich. Du wirst viele neue Situationen erleben. Dieses Buch soll Dich dabei bestmöglich begleiten und Dir immer wieder vor Augen führen, dass Noten und Bewertungen anderer nichts über Deinen Wert aussagen.

Such Dir hier immer eine Affirmation aus, die gerade zu Deinem Gefühl passt. Schau, was Du heute brauchst und sprich diese Affirmation nach.

Vielleicht fallen Dir noch mehr Affirmationen ein, als unser Buch bereithält. Dann schreib Dir diese auf.

ICH

BIN

KLUG

ICH
LERNE
GERNE

ICH BIN IMMER WERTVOLL, EGAL WIE MEINE NOTEN SIND

ICH
RESPEKTIERE
UND SCHÄTZE
DIE
UNTERSCHIEDE
ANDERER

ICH VERTRAUE AUF MEINE FÄHIGKEITEN UND STÄRKEN

ICH BIN OFFEN FÜR NEUE IDEEN

ICH MACHE WEITER, AUCH WENN ES SCHWIERIG WIRD

ICH BIN STOLZ AUF MICH

ICH VERSTEHE, DASS FEHLER ZUM LERNEN DAZUGEHÖREN

7

ICH MUSS NICHT IN ALLEN FÄCHERN GUT SEIN

ICH

DARF MICH

AUF MEINE

INTERESSEN

FOKUSSIEREN

ICH
BIN
AUFGESCHLOSSEN
UND LERNE
GERNE VON
ANDEREN

ICH
BIN
FREUNDLICH
UND HELFE
ANDEREN

ICH
SETZE MIR
ZIELE, DIE
ICH
ERREICHEN
KANN

ICH
BIN GUT IM
ZUHÖREN

ICH KANN IMMER BESSER WERDEN

ICH DARF LIEBLINGS-FÄCHER HABEN

ICH STELLE MEINE FRAGEN

ICH ENTSCHEIDE WER ICH SEIN WILL – NICHT MEINE LEHRER

MEINE
GEDANKEN
SIND
WERTVOLL

ICH DARF ZU MEINEN ANSICHTEN STEHEN

ICH DARF ANDEREN GRENZEN SETZEN

ICH BIN DANKBAR DAFÜR, ZUR SCHULE GEHEN ZU DÜRFEN

ICH WEIß, DASS ICH WERTVOLL BIN, UNABHÄNGIG VON DER MEINUNG ANDERER

ICH FOLGE DEM SPAß

ICH
DARF DINGE
SELBST
ERFINDEN

ICH
LIEBE MEINE
STÄRKEN
GENAU WIE
MEINE
SCHWÄCHEN

ICH KANN ALLES WERDEN, WAS ICH SEIN MÖCHTE

ALLE
KINDER IN
MEINER
KLASSE
SIND
EINZIGARTIG

ICH
VERTRAUE
MIR **UND**
ME**IN**EM
UR**T**E**IL**SVER-
MÖGE**N**

ICH
ERKENNE,
DASS ALLES
IN MIR IST,
WAS ICH FÜR
MEIN LEBEN
BRAUCHE

ICH MUSS NICHT AUF ALLES EINE ANTWORT HABEN

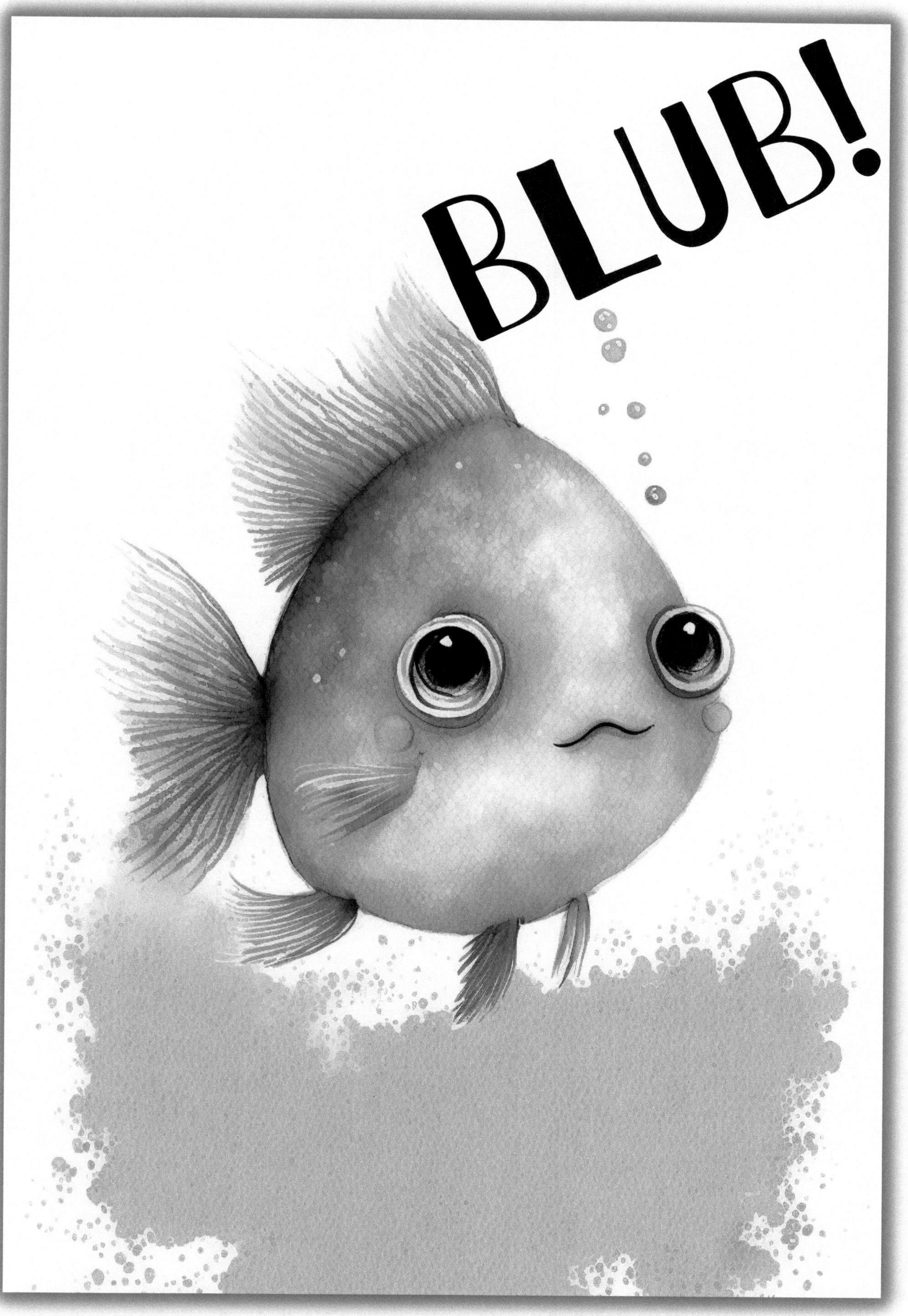
BLUB!

ICH GLAUBE AN MEINE TRÄUME

ICH BIN LIEBENSWERT, UNABHÄNGIG VON MEINER LEISTUNG

AFFIRMATIONEN FÜR KINDER

AB 3 JAHREN

NEUES KINDER-BUCH

MIT EINER SAMMLUNG AN POSITIVEN GLAUBENS-SÄTZEN FÜR STARKE KINDER

magily

Entdecke die Welt von magily

Die Magie hinter magily

magily ist wo magic & family zusammenkommen. Unsere Kinderbücher sind liebevoll illustrierte und für deine Familie personalisierte Einzelstücke.

- Personalisiere die Figuren
- Wähle Deine Familienkonstellation
- Wähle eure Namen aus

Das magily-Sortiment

- Personalisierte Kinderbücher mit individueller Widmung
- Personalisierte Poster (Geburtsposter & vieles mehr für's Kinderzimmer)

Nicht nur für Kinder magisch, denn bei uns bestimmst du die Familienkonstellation. Der Kinderbuchmarkt bildet deine Realität von Familie nicht ab? Dann werde Teil der magily Familie. Familie kann alles sein - there's magic in every family. Schaff dir deine eigene Welt.

MAGILY.DE

MAGILY.DE

Printed in Poland
by Amazon Fulfillment
Poland Sp. z o.o., Wrocław

24949968R00045